Poemas antes de tu llegada

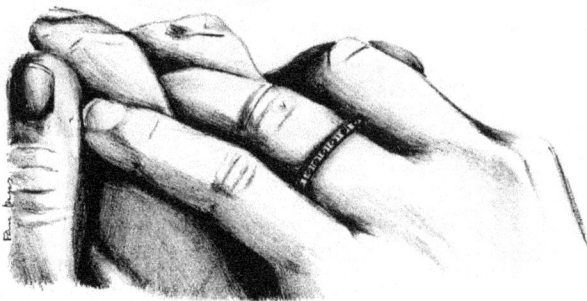

Yuleidy González Suárez

Poemas antes de tu llegada

Corrección: Ana
Ilustraciones: Flávia Sofía Marques
Diseño interior: Jera Publishing

ISBN 978-0-9939697-0-6

A mi amado hijo y a mi adorado esposo,
porque es mucha la dicha de tenerlos.

La poesía no entiende de sentimientos mediocres;
todo en ella debe ser intenso y en exceso.

Índice

La dicha de tenerte

No puedo escribir sobre ti pensando en ti,
cada vez que intento encontrar
la palabra adecuada para traerte a mi poema
solo vienes tú.
No veo palabras, te veo a ti.
No puedo escribir pensando en ti
porque te tengo, ¡gracias al cielo!
Y solo veo tu cuerpo
y solo escucho tu voz
y solo me invade el deseo de tocarte y besarte
y lo hago, porque te tengo, ¡bendito seas!
Y al diablo mi poema y la poesía y las palabras,
al diablo todo si te tengo.

Puro silencio

"Ça fait presque 3 semaines que je suis arrivé ici,
et je porte encore la peine, et la joie de mon pays".
RAÚL PAZ.

Puro es este silencio y pura esta soledad.
Estas calles no me dicen nada.
Este aire que respiro no sabe a nada,
no sabe a dolor,
no sabe a dicha,
ni al pasado ni al presente...
no sabe a mis padres,
no sabe a mis amigos,
no sabe a mi historia.

Estas piedras nunca fueron lanzadas por mi infancia,
nunca rompieron la ventana de mi vecino
ni la cabeza de mis amigos.

Estos barrios no fueron el hogar de mis abuelos,
ni de los abuelos de mis abuelos.
Estas paredes no me dicen nada,
no me guardan ningún secreto,
ningún recuerdo.

En esta ciudad no he sentido alegría,
no he llorado en sus brazos,
no he amado sus entrañas,
ni me he revolcado de la risa a sus pies.

Aún no he sido feliz.

Puede que todo aquí tenga una historia,
seguro la tiene; pero no es mía,
no es mi historia,
no son mis lazos.
Nada de esto me pertenece.
Nada de esto ha sentido mi paso por la vida,
mi existencia.

Todo lo que veo es puro silencio.

Cuanto me circunda es una soledad densa...
el resto está muy lejos de aquí,
pertenece a una vida pasada,
en un mundo antaño maravilloso
que ya no veo
que ya no me rodea,
a pesar mío.

A pesar de todo

A pesar de oír de ti que no vendrías,
a pesar de conocerte muy bien
y conocer tu pereza...

A pesar de tener el reloj en mi contra,
las circunstancias en mi contra,
y hasta mi certeza en mi contra...

A pesar de todo,
esperaba que vinieras por mí.

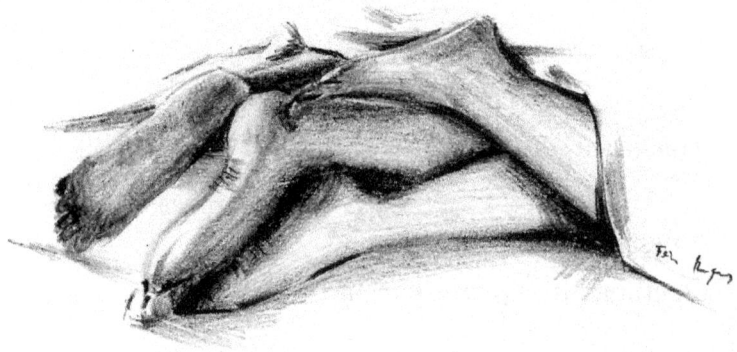

Otros cuerpos

Mi necesidad de ti hace volcar mis ganas
en otros cuerpos cercanos,
en suplentes pasiones y deseos que tengo contigo.
Estás ausente y lejano,
tan lejano que ya no recuerdo tu voz.

Ya se borran de mí los hermosos rasgos de tu cara,
de tu delicioso cuerpo,
de tus ojos amantes,
de tus limpias manos...
de ti.

Solo me quedan vagos recuerdos,
visiones borrosas,
y tu olor.
Tu olor que te trae hasta mí,
con tal precisión que casi puedo tocarte,
verte, inventarte en otros cuerpos
y sentirte como antes.

Cuando te pienso,
está siempre tu perfume que se queda
y se me antoja sentirlo de verdad
y verte de verdad
y te invento
y te siento
y te veo.

Te deseo en otros cuerpos.
Se me antoja tocarte tocándolos.
Se me antoja besarlos desesperadamente,
como antes contigo...
Y son solo pasiones efímeras
que en vano intentan consumir este deseo de ti.

Palabra maldita

¿Qué hacer cuando se tiene la palabra maldita,
ofensiva...
y solo dolor y disgustos hace manar?
¿Qué hacer si de todo lo escrito,
solo los oprobios, las injurias, los reclamos...
son verdaderamente conmovedores?
¿Qué hacer cuando la palabra no consigue llegar,
rozar la fibra deseada y agitarla un poco,
si solo remueve pesares, asperezas...?
¿Qué hacer cuando con la palabra el dolor brota,
la pena brota,
el odio brota...
y solo eso?
¿Qué hacer cuando se tiene la palabra maldita,
maculada,
incapaz de expresar amor?

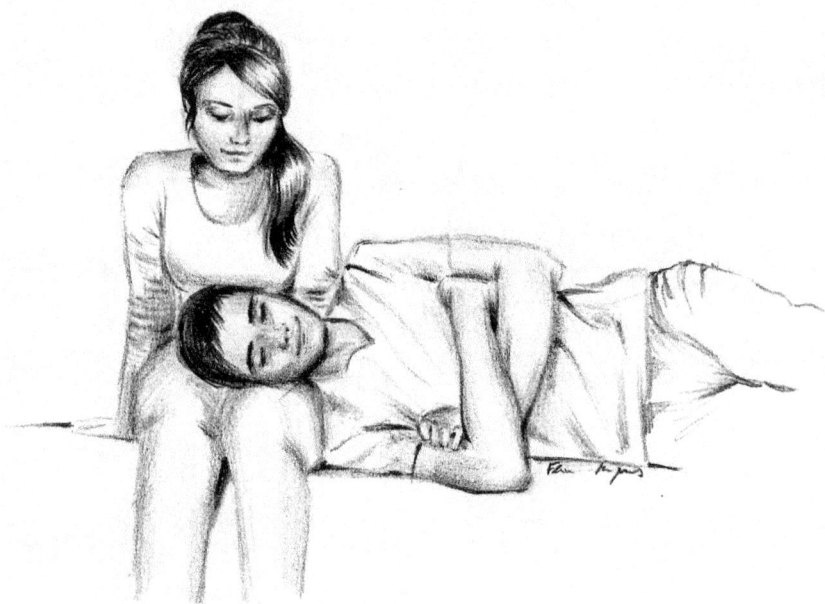

Miedo al amor

Lo que quiero decir y no me atrevo...
es que le amo.
Le amo y le temo.

Temo al amor que inspira en mí su simpatía.
Temo dolerle y por su dolor,
dolerme también yo.
Temo dañarle con tanto amor contenido.
Temo desatar mi furia de amor sobre su cuerpo
y absorberlo todo,
y perderle...
perderle para siempre.

Tempestad

En medio de esta tempestad estamos Ud. y yo.
Están nuestros pensamientos, nuestras razones,
nuestras ideas, nuestros egoísmos,
nuestros miedos, nuestros objetivos...

En medio de esta silenciosa turbulencia,
donde nada pasa,
donde solo nuestros pensamientos aislados tienen lugar,
donde tanto temo dar un paso que vaya a perjudicarle,
donde tanto arriesgo,
donde tanto sufro,
donde tanto pierdo...

Arcaica desazón que bien me cuesta calmar,
que dolorosa y punzante me defrauda, me hiere,
contra la que en vano lucho y nada puedo...

En medio de esta agitación inocua
que carece de odios y rencores,
de venganzas, de artilugios, de maleficios...
En medio de ella, estamos atrapados.

16

Irresistible

¡Yo no sé qué te diera por un beso!
BÉCQUER

Si le vieras...

Si vieras su piel,
si vieras su pelo,
si vieras sus manos...
sus grandes y fuertes manos,
sus manos como seda, seductoras...
no podrías.

No podrías si vieras su rostro,
si vieras su boca
cuando ríe, cuando habla, cuando calla;
sus labios hechizando, convidando...

Y si vieras sus ojos...
Si vieras la expresión de sus ojos,
tampoco tú resistirías.

La hora perfecta

Es la hora de la paz y la calma,
del ocio y la gula,
es la hora perfecta.
Son las 7:30 y el sol comienza su marcha
dando inicio al otoño del día,
deshojando el largo camino recorrido.
Es la hora del brote púrpura, rosa, violáceo
en el cielo y los árboles
de teñidas copas que juegan con la brisa,
la suave brisa del regreso.
Es la hora de volver
al dulce sosiego del hogar apacible,
al descanso y la satisfacción.
Es la hora perfecta,
ven ya amor.

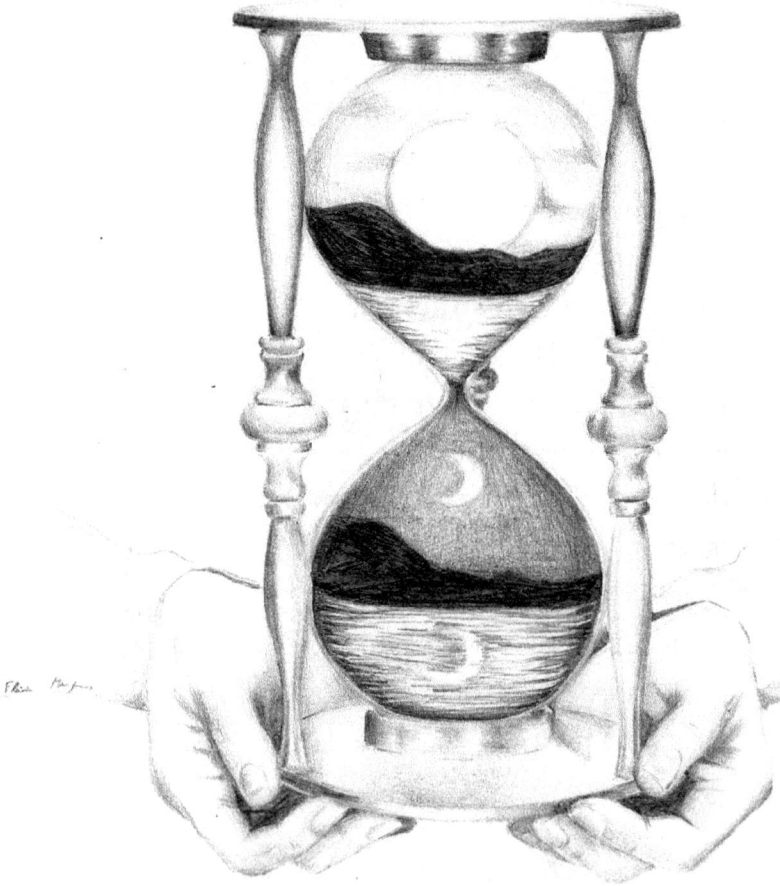

Este ocaso

Miro siempre el sol que ve va...
DULCE MARIA LOYNAZ.

¡Oh Dios, cuánto quisiera que durara para siempre
este ocaso!

Para que no se lleve ese algo mío que falta.
¿Qué me falta?
¿Acaso tendré que esperar
y ver morir mi ocaso?
¿Cómo hacer que dure para siempre?
Sé muy bien que al final algo me faltará.
Creo que ya he comenzado a extrañarlo.
¿Cómo saber qué es?
¡Oh Dios, impídelo!
Por favor, por tu gloria,
impide que se vaya.
Sé que todavía puedes,
con tus dedos, agarrar el sol,
detenerlo.

Pero no tardes porque esta angustia mía
está asomada en mi alma
y viene siempre a esperar la noche junto a mí,
y me inunda el dolor de su presencia.
Entonces vuelan mis sueños y mis ansias...
Solo entonces son libres.
Solo entonces soy libre y clara,
mi corazón naranja y cielo.
¡Qué amargor tan dulce el que se siente
al ver la llama de fuego que se apaga!

Haiku

Esta mano mía es una maldición,
sometida por pensamientos escritos
sin piedad, que a nadie revelo.

Ilusión

Todo cuanto he vivido hasta hoy
es tan perfecto
que bien podría ser fantasía
y la sola posibilidad me aterra.

No quiero otra vida que esta,
no quiero a más nadie que tú.
No quiero más que esta casa contigo dentro,
no quiero más que esta paz.
No quiero más mundo que mi mundo,
ni más realidad que esta, mi realidad.

Solo quiero esta vida contigo.
Si no ha de ser así, no la quiero,
no la acepto, no la tomo.
Si no ha de ser así, me la invento.

Mis poemas inéditos

Mis poemas inéditos
son estas tardes austeras,
estos húmedos pasillos,
este mármol que pisan mis pies,
estas paredes de anciana roca,
este pedazo de cielo burlando la majestuosidad
de estos laureles.

Mis poemas inéditos
son como clases públicas,
como variables globales,
como mariposas imaginarias.

Son el reflejo de lo imposible,
de lo deseado en silencio,
de lo que no nace por temor a algo
o alguien.
Por temor al desencanto
o a la fascinación.

Nacen de toda la sinceridad
y transparencia que me pueblan.

En ellos no soy más que yo misma
sin secretos ni misterios
sin miedos, sin límites,
 sin diferencias.

Dudas

¿Será que en la vida solo tenemos que proponernos algo para lograrlo?

¿O será que vivimos de la vana lucha por cumplir nuestro sueño deseado?

¿Será cierto que la felicidad no existe y que los hombres solo pueden disfrutar de momentos felices?

¿Será que nadie está conforme con la vida que lleva?

¿O será que los sueños cambian a diario, pero no cambias tú?

¿Será que solo se tiene un mejor amigo y lo dejamos partir sin contarle cuánto nos duele su distancia?

¿O será que seguimos siendo amigos espiritualmente, telepáticamente?

¿Será que las miradas no son tan expresivas como la palabra?

¿O será una justificación humana del orgullo y el dolor?

¿Será que no puedo ser feliz aquí porque extraño allá?

¿O será que estando allá desearía estar aquí?

¿Será que no somos capaces de comprender ni perdonar?

¿O será que solo somos marionetas de otras marionetas?

¿Será que no sabemos lo que queremos?

¿O será que solo buscamos imperfecciones a lo que tanto queremos y no lo sabemos?

¿Será que no me quieres como creo?

¿O será que me adoras a tu modo singular que no descifro?

¿Será que no sabemos hacia dónde vamos, aunque lleguemos?

¿Será la vida o será el camino?
¿Será el hoy o el mañana?
¿O qué será?

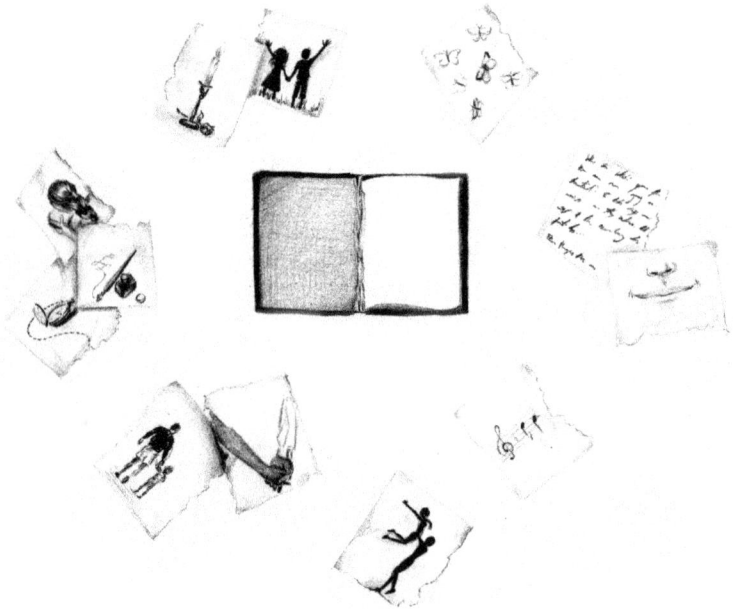

Emociones

He aprendido que la vida
es un aleteo de emociones.
Emociones buenas o malas
que hay que sentir,
que hay que vivir,
que hay que padecer...

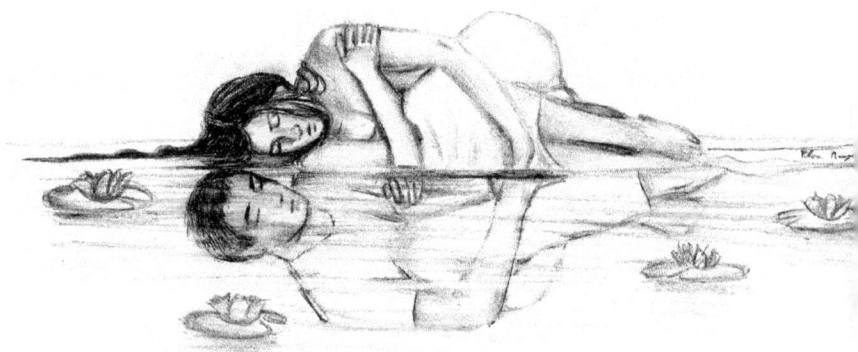

He de regocijarme en ti

He de regocijarme en tus brazos para del mundo huir.
He de observarme en tus ojos para admirada ser.
He de sentirme en ti para existir.

He de aferrarme a ti.
He de fundirme en ti.
He de ser yo en ti.
He de ser tú....

porque así he de desearlo,
porque así he de amarte.

De nada

¿De qué vale una vida sin amigos?
Los amigos nos traen todo.

Cuando los tuve, mi vida era plena, sólida,
alegre a veces, triste a veces.

Cuando los eché de menos, descubrí lo miserable
que es la existencia.

Cuando un amigo se va, una parte de mí se va con él,
enfurecida o no, se va de mí...
el resto queda para siempre anhelando su regreso.

Cuando los amigos no están a mi lado
sola me siento, vacía, inútil, fría
y mala persona.

Por eso, al descubrir la miseria que ataca
cuando no están,
mi vida consiste en buscarlos, reconquistarlos,
atraerlos una vez más y atarlos
con un lazo bien fuerte para que no puedan irse.

A los amigos hay que complacerlos a veces,
cuidar de ellos, darles todo, y dejar todo a un lado.

Cuando se tiene un amigo cerca hay que enviar
lejos al orgullo, ponerle penitencia, reprimirlo.

Porque a fin de cuentas... ¿de qué nos vale?
¿De qué vale una vida sin amigos?

Príncipe enano

A Daniel.

Para un príncipe enano escribo estas líneas... Un pequeño príncipe que reina en mi corazón y corretea en mis sueños cada noche, y sonríe y canta y baila en mis recuerdos, y me abraza y me aprieta y me ama y me calma, cuando coge mi mano con su mano pequeña y camina sonriente y feliz a mi lado. Príncipe de mi corazón que solo puede soñarlo y recordarlo, este corazón que sufre a diario cada uno de los miles de kilómetros que nos separan.

Tenerte

Todo lo llenas tú, todo lo llenas.
NERUDA

¿Qué hacer cuando todo va mal y nada te satisface... ?
Cuando te parece que el mundo entero te da la espalda,
que no queda nada por hacer...

Cuando tus pies no te pueden sostener,
cuando te pesa el alma,
cuando la desilusión te tiembla dentro
y no tienes valor de hacer nada,
de hacerles saber.

Cuando la decepción de un amigo sobreviene,
me siento indefensa, temerosa, desconfiada.
Cierro mis puertas, mis ventanas y mis alas,
y caigo...

Cuando he tocado fondo y no tengo nada,
ni nadie en quien confiar, en quien descansar...
solo me sostiene la idea de tenerte,
solo me reconforta saber que tú no me fallarás.
Porque cuando todos se han ido de mí,
siempre quedas tú.

Mi rincón sagrado

Cuánto tiempo sin visitar mi rincón sagrado.
Este lugar de ensueños donde guardo mi poesía
predilecta;
donde guardo mis anhelos, mis sueños,
mi estado de ánimo.

Cuánto tiempo sin visitar este pedazo de mí.
Ya se hacía sentir su distancia, su abandono,
la necesidad de entrar a mi oasis silencioso y oculto
donde reino,
donde están mi paz,
mi alegría, mis secretos.

El sitio donde a tientas voy dejando mi historia;
donde he ido dejando frases de amor,
los versos que te escribo, las lágrimas que derramo,
los sueños de la noche anterior...

Ese reino etéreo a donde voy cuando estoy triste, o
feliz;
cuando tengo ganas de amarte y besarte;
de decirte cuánto te amo y te necesito.

Este espacio donde te encuentro siempre
aunque no estés conmigo.
Donde siempre estás tú y siempre estoy yo.
Donde solo importamos nosotros,
que es consecuencia de ti y de mí.
Es en este sagrado lugar
donde encuentro mi paz y mi fe,
cuando tú no estás para calmarme.

Mirada de plomo

Ese hombre con su mirada sobre mí
me desnuda y me ofende,
me somete, me avergüenza,
me vence.

Cada vez que siento su grave mirada
se velan mis ojos y padezco,
me vuelvo débil,
indefensa.

Hoy me ha mirado con fuerza inequívoca,
pero me he clavado profunda en sus pupilas
que por vez primera
se han ocultado tras un breve parpadeo.

Cuando sus ojos al fin recobren la luz,
estarán huyendo de mí,
rendidos ante mí,
sufriéndome.

Sueño profundo

¡Oh, sueño profundo!
¡Invádeme!
¡Llévame a lo más recóndito de ti!
Estoy harta ya de tu ausencia en mí
y de tu presencia en mi prójimo.
Estoy harta de tanto desconsuelo,
de tanta soledad,
de tantas ganas insaciadas
y de tantas noches absurdas como esta.

Estoy harta de este desperdicio,
de este tiempo muerto en el que
no hago más que pensar banalidades y tristezas.

¡Oh, sueño profundo!
¡Domíname!
Llena cada parte de mí,
no dejes nada a tu paso,
ni un resquicio por el que pueda escaparse
una lágrima.

No debes dejar nada porque no aguantaría
tu fracaso.
Ya no.
No después de tantas noches como esta
en que solo tengo mi lápiz, mi página en blanco,
mi vela moribunda y mi anhelo de ti.

¡Oh, sueño profundo!
¡Llévame!
No me dejes aquí olvidada
como ha hecho mi amado.
No me abandones por favor que temo a la noche.
Temo a las noches como esta,
llenas de luna y soledad.

Se supone que en noches como esta
yo no esté triste ni sola.
Pero me ha abandonado mi compañero de sueño,
se ha ido,
sin más, en tu regazo.
Me ha abandonado la luz.
Me han abandonado mis relatos
y mis juegos.

Por eso te ruego,
¡Oh, sueño profundo!
¡Vénceme!
Si te has llevado a todos,
llévame a mí.
Llévate mi conciencia y mi alma
mis manos y mis ojos.

Llévate mi fantasía
para que flote contigo en esos sitios inexplorados.
Libérala allí,
no la detengas,
déjala ser
y te imploro...
sin ella,
no me dejes aquí.

Yo, la loca

*"Odio todo lo que se interponga entre
nosotros, así sea el aire".*

Anoche, viendo la película "Juana la loca", descubrí que
te quiero con pasión insensata, con locura desmedida. Te
quiero como quiso Juana a Felipe el hermoso. Me vi reflejada
en los apasionados besos que le apretaba a su esposo por
todo el cuerpo. En cada beso y abrazo de Juana, no veía
a Felipe, te veía a ti, veía tu rostro, tu cuerpo, mis manos
aferradas a tu cuello mientras mis besos cubrían todo tu
rostro y tu pecho. Cuando ella lo tocaba, podía sentir tu piel
ardiendo en mis manos impacientes.

Te quiero como loca. Así de grande es mi amor que no
entiende de límites ni censuras, que va más allá de la razón,
que no atiende a juicios ni pruebas de cordura. Solo tú vives
y reinas en mí, solo a ti me entrego, sin que quede nada
que no pueda darte, sin que quede nada que sea solo mío
o solo tuyo. Quiero fundirte a mí y no dejar escapar ni un
centímetro de ti, aprisionarte, ahogarte en mis brazos.

Y si es locura esto que siento, pues loca viviré, loca te amaré
y loca iré contigo allá donde fueres... Mi reino estará contigo
donde estuvieres.